Dieses Buch gehört:

....

....

Für meine vier
allerliebsten Kinder
auf der ganzen weiten Welt,
Elliott, Scarlet, Gabby und Annie –
Steve Smallman

ISBN 978-3-7855-8284-8
1. Auflage 2016
Titel der Originalausgabe: *Batmouse*
erschienen 2014 bei QED Publishing

Aus dem Englischen übersetzt von Mareike Schlensog

Umschlaggestaltung: Franziska Trotzer
Printed in China

www.loewe-verlag.de

Wenn ich groß bin, werde ich Fledermaus

Steve Smallman

Loewe

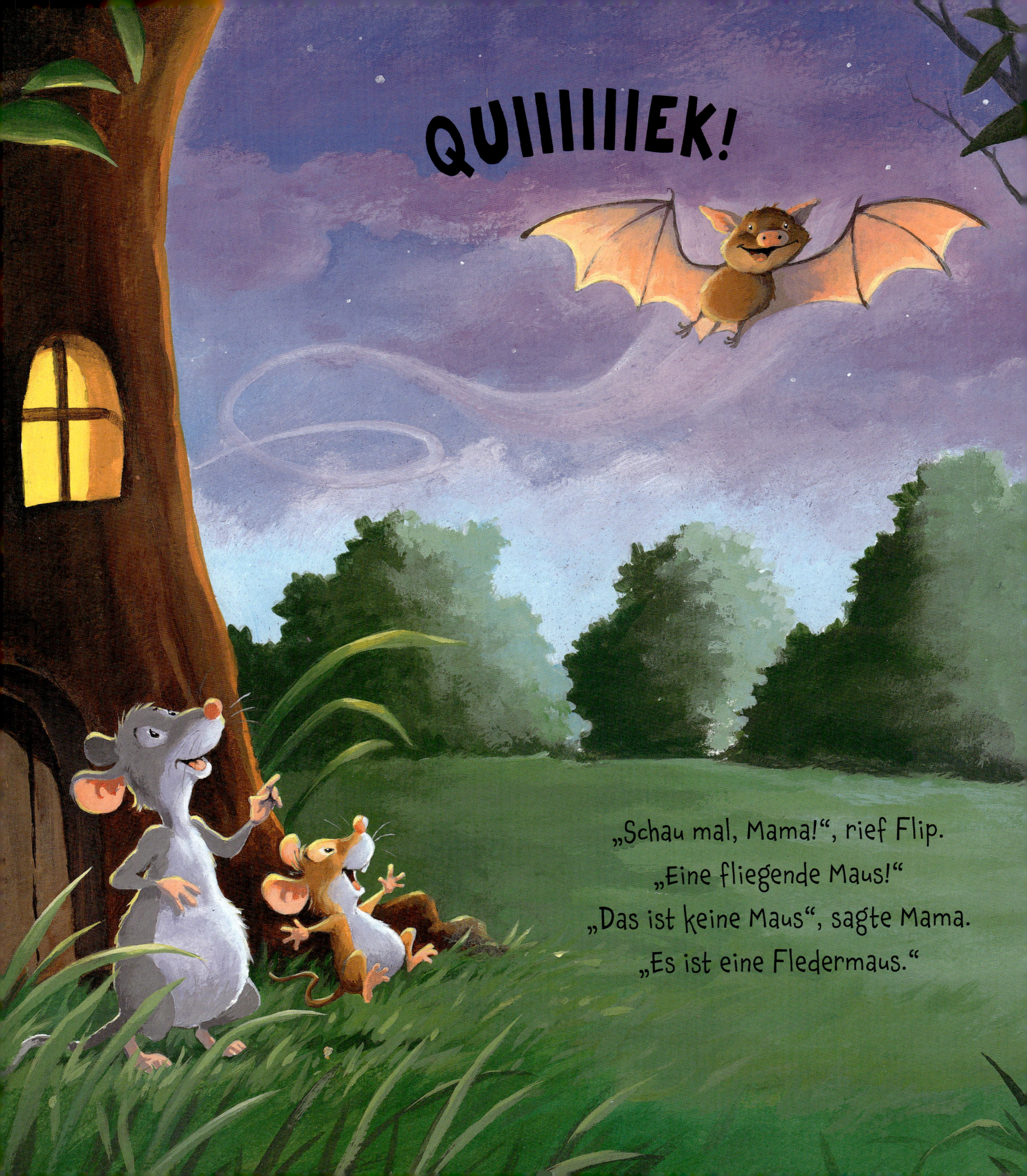

„Schau mal, Mama!“, rief Flip.
„Eine fliegende Maus!“
„Das ist keine Maus“, sagte Mama.
„Es ist eine Fledermaus.“

„Ich wünschte, ich könnte auch fliegen“, sagte Flip.
„Kann ich eine Fledermaus sein, wenn ich groß bin?“
„Du kannst keine Fledermaus sein“, antwortete Mama.
„Schau – du hast doch gar keine Flügel.“
Also bastelte sich Flip aus einem alten Pappkarton ein Paar Flügel.
Und schon bald war er zum Abflug bereit!

„Guck, Mama, ich bin eine Fledermaus!“

Flip rannte aufgeregt umher, gab sein quietschigstes Gequieke zum Besten und schlug mit seinen Pappflügeln auf und ab. Aber er konnte einfach nicht abheben.

Deshalb versuchte
er es wieder ...

... und wieder ...

... und wieder!

Er flatterte so lange,
bis er müde und benommen auf den Boden plumpste.

„Mach dir nichts draus, Flip“, sagte Mama.
Um ihn aufzumuntern, kochte sie sein Lieblingsabendessen –
Stinkekäse mit Brotkrumen.

Als es Schlafenszeit war, konnte Flip es sich
in seinem Bett einfach nicht gemütlich machen.
Seine Flügel verfingen sich immer wieder in der Bettdecke.

„Aus diesem Grund hängen
Fledermäuse kopfüber von
der Decke, wenn sie schlafen."
Mama lächelte.

Flip versuchte, sich kopfüber hinzulegen.
Aber das war immer noch reichlich unbequem.

Am nächsten Morgen stieg Flip auf den Gipfel des Windigen Hügels.
„Zeit zu fliegen!“, quiekte er und flatterte dabei so kräftig,
wie er nur konnte, mit den Flügeln. Dann wagte er den Absprung!

Flip landete unsanft auf seinem Popo,
überschlug sich – einmal, zweimal, dreimal –
und rollte so den ganzen Hügel hinunter.

Flips Kopf drehte sich,
sein Popo war voller blauer Flecken und
seine Flügel waren ganz zerknittert und zerrissen.

Da hörte er ein vertrautes Geräusch …

QUIIIIIIEK!

Es kam aus dem Inneren einer kleinen Höhle.
Die Höhle war dunkel und unheimlich,
aber Flip versuchte, mutig zu sein.

„H…H…HALLO?“,
piepste er.

„Hallo“, sagte eine Stimme von oben.
„Ich bin Albert. Und wer bist du?“

„Ich bin F…F…F…Flip und
ich bin eine Fledermaus!“

„Wirklich?“, fragte Albert.
„Aber du scheinst
verkehrt herum zu sein.“

„Ups, entschuldige bitte!“,
sagte Flip und machte
einen Kopfstand.

„Deine Flügel sehen ein bisschen ...
nach Pappkarton aus“, bemerkte Albert.

„Meine echten Flügel sind mir nur
noch nicht gewachsen!“, sagte Flip.

„Ah, das erklärt einiges“, sagte Albert mit einem Lächeln.
„Nun denn, kleine Fledermaus, bist du hungrig?“
Flip war sogar SEHR hungrig.

„Hast du zufällig Stinkekäse?“, fragte er.
„Stinkekäse!“, rief Albert. „Fledermäuse essen keinen stinkigen Käse!
Wie wäre es mit einer schönen, saftigen Motte?“

Flip schaute die Motte an und brach in Tränen aus.

„ICH **BIN** KEINE **FLEDERMAUS!**“, brüllte er.

„ICH WILL NICHT IN EINER UNHEIMLICHEN HÖHLE WOHNEN

ODER MOTTEN ESSEN,

ODER KOPFÜBER VON DER DECKE HÄNGEN …

… ABER ICH MÖCHTE WIRKLICH, WIRKLICH GERNE FLIEGEN!“

„Dann flieg mit mir!“, sagte Albert. „Nur dieses eine Mal.“
Er schnappte sich Flip und trug ihn in den
sternenfunkelnden Abendhimmel hinauf.

Sie flogen hoch über den Windigen Hügel, durch die Baumwipfel

und landeten schließlich genau vor Flips Haustür.

„Nun, kleine Fledermaus", flüsterte Albert,
„gefällt dir das Fliegen?"
„Ich glaube schon", sagte Flip, der gleichzeitig Schwindel,
Angst und große Begeisterung empfand.
„Danke, Albert."

Als Albert davonflatterte, entdeckte Flip einen großen Erdhügel.
Mit der Nase voraus und gefolgt von zwei Füßen
kämpfte sich etwas an die Oberfläche.

„SCHAU DOCH, MAMA“,

rief Flip.

„Eine GRABENDE MAUS!“

„Das ist keine Maus, Flip, es ist ein Maulwurf“, sagte Mama.
„Wenn ich groß bin, kann ich dann ein Maulwurf sein?“, fragte Flip.
„Jetzt geht das schon wieder los …“, seufzte Mama.

Nächste Schritte

Zeigen Sie den Kindern erneut das Cover. Hätten sie allein durch das Anschauen des Titelbildes erraten können, wovon die Geschichte handelt? Haben ein paar der Kinder gedacht, es würde eine Superhelden-Geschichte sein?

Flip wollte unbedingt eine Fledermaus sein. Fragen Sie die Kinder, welches Tier sie gerne wären, und warum. Wie würden sie sich in dieses Tier verwandeln?

Flip hat sich sehr viel Mühe gegeben, wie eine Fledermaus auszusehen und sich wie eine zu verhalten. Können sich die Kinder an alles erinnern, was Flip gemacht hat?

Fragen Sie die Kinder, ob sie gerne fliegen würden. Was würden sie bei einem Flug über ihr Zuhause sehen können? Wie würden sie sich dabei fühlen?

Hat es Flip Spaß gemacht, so zu tun, als sei er eine Fledermaus? Fragen Sie die Kinder, ob sie jemals etwas haben wollten, dann aber enttäuscht waren, als sie es schließlich bekommen haben.

Flips Lieblingsessen ist Stinkekäse mit Brotkrumen. Albert isst lieber Motten. Fragen Sie die Kinder, ob sie gerne mal stinkigen Käse probieren würden. Was ist ihre Leibspeise? Sprechen Sie darüber, dass unterschiedliche Menschen auch unterschiedliche Dinge mögen.

Fragen Sie die Kinder, was Flip am Ende der Geschichte gerne sein möchte. Was glauben sie, wird er unternehmen, um dieses Tier nachzuahmen?